欢喜自在

释证严 著

复旦大学出版社

出版说明

《欢喜自在》最初由台湾慈济文化出版社在台湾出版发行。

证严上人,台湾著名宗教家、慈善家,一九三七年出生于台湾台中的清水镇。一九六三年,依印顺导师为亲教师出家,师训"为佛教,为众生"。是全球志工人数最多的慈善组织——慈济基金会的创始人与领导人,开创慈济世界"慈善"、"医疗"、"教育"、"人文"四大志业。二〇一〇年,被台湾民众推选为"最受信赖的人"。如今遍布全球的慈济人,出现在全世界许许多多有灾难与苦痛的地方,通过亲手拔除人们的苦与痛,实践上人三愿:人心净化,社会祥和,天下无灾。

证严上人及慈济基金会的各种义举,得到国家有关部门的重视和肯定。二〇〇六年,慈济基金会获得"中华慈善奖"。二〇〇八年,海峡两岸关系协会会长陈云林访台期间,特意前去拜访证严上人,并对慈济基金会在大陆的各项慈善行为,做出了高度的评价。二〇一〇年八月,经国务院批准,慈济慈善事业基金会在江苏省苏州市挂牌成立,成为大陆第一家,也是唯一的一家由境外非营利组织成立的全国性基金会。

一九八九年,证严上人发表了第一本著作《静思语》(第一集);此后的数十年来,证严上人的著作,涵盖讲说佛陀教育的佛典系列,以及引导人生方向与实践经验的结集;这些坚定与柔美的智慧话语,解除了众多烦恼心灵的苦痛与焦躁。在台湾的民众中有这样的说法——

> 无数的失望生命,因展读上人的书而回头;
> 无数的禁锢心灵,因展读上人的书而开放;
> 许多的破碎家庭,因展读上人的书而和乐;
> 许多的美善因缘,因展读上人的书而具足。

证严上人的著作问世后,在海内外均产生广泛且持久的影响。最近复旦大学出版社获得静思人文志业股份有限公司授权,在中国大陆推出"证严上人著作·静思法脉丛书"的简体字版。《欢喜自在》属于人文专题书系。

生活于现代的人们,每日汲汲营营于谋生续命,像是热锅上的蚂蚁,到处寻觅活命的出路。证严上人透悉现代人的心理,以其深睿的智慧,依现代人所面临的种种危机与问题,给予不同的解析与引领,使读者即使身处在诡谲多端的环境,也能优游自处而欢喜自在。希望本书能给读者以启迪。

复旦大学出版社
二〇一二年五月

目 录

移民　001

缺爱症　003

福报的来源　005

清流　007

浊世绽清莲　009

及时再造福　011

为工作而生活　013

015　时间的累积

017　百善之源

019　教子之方

021　莫使父母忧

023　生日的省思

025　打开烦恼之缚

027　五欲枷锁

超越爱欲 029	052 我
治怨良方 031	054 舍弃"我"
物质与爱欲 033	056 最美的形态
真理之路 035	058 人间菩萨
烦恼的根源 037	060 忍而无忍
爱心为谁有 039	064 择师与敬师
拨云见月 041	066 如何真正体悟道理
淡泊养智 043	068 为何小心眼
生死之间 045	070 何处可修行
幸福人生 047	072 爱发脾气怎么办
智者运命 049	074 化解伤害之箭

善护心中的菩提树 076	097 从善
疑网 078	099 自在的生活
扫毒 080	101 尽本分
心理病态 083	103 增长善念
良好的人际关系 085	105 学做圣人
君子与小人 087	107 说"错话"
心静气和 089	109 月光的联想
自谦 091	111 良药苦口
立信 093	113 人生不能留白
存诚 095	

移民

现在我们常常听到有人说：
"社会治安不良，想移民到国外。"
移民真的好吗？

"公"是无私，"益"是无损。公的反面就是私——有公就无私，有私就无公；而益的反面就是损——有了损就没有利益，有了利益就没有损害。

要净化人心，必须先去除"私我、小我"的一念心，去除私我才能成就大我，有了大我才能公正、利益人群。

目前的社会为什么会这么乱？就是有了这分"私"，自私的小我，使得人心有了毛病。人心有哪几种毛病呢？有贪、瞋、痴的毛病，这些都是源自小我与自私。人人如果都能去除这分自私与小我，自然就会扩大心胸，培养出诚与正，大公无私的心态。

日本人说"我"是"私",所以凡事只想到"我",就是有私心。我们要把"我"打开,才能容纳社会大众;社会是大家的,国家也是大家的,要社会安定,每个人都有责任。现在我们常常听到有人说:"社会治安不良,想移民到国外。"这实在是太过消极的做法。我们的祖先辛苦建立家园,开垦了这块美丽的宝岛,我们怎舍得丢弃呢?移民真的好吗?在国内我们做自己的主人,到国外是寄人篱下啊!异国他乡再怎么好,也比不上自己的地方有草根香呀!

我们每个人都要有一个心念,那就是:要用什么方法,促使台湾更美好、进步,使台湾能不治而安!

缺爱症

现在社会的病因到底出在哪里呢？

只有一项——缺爱症。

今天社会为什么会乱呢？为什么会让很多人过着惶恐的日子呢？现在的社会真的病了，我们应该为社会的病态做个诊断。现在社会的病因到底出在哪里呢？只有一项——缺爱症。

既然患了缺爱症，我们就应该对症下药，以"用慈施悲"作为缺爱症的药方。

很多人常把慈悲挂在口上，但要如何发挥慈悲的功能呢？在"慈"字的前面多加一个"用"字；"悲"字前面多加一个"施"字，所以是"用慈施悲"。

慈就是无缘大慈，悲就是同体大悲。尽管这两个字的境界非常高，但如果没有发挥效用，也只不过是个口号、名词而已,所以我们应该彻底加以实践。

慈就是爱,但不是污染的爱,而是清净的爱。爱得心无挂碍、无烦恼,才是清净之爱。清净的爱是"予乐",与我没有亲友关系、甚至从未见过面的人,我都要让他快乐。我们如能发挥到这种程度,就是慈。慈是清净的智慧所发挥出来的功用。

没有智慧的人就是愚痴,愚痴就会痴迷,痴迷的爱就是烦恼的爱;一旦爱得痴迷烦恼,当然就会贪不餍足了。不满足的爱就是缺爱症。唯有以宗教精神——用慈施悲来净化人心,洗净社会病态,让众生多得福报。

福报的来源

> 有钱时不必得意,
>
> 没钱时也不必悲哀,
>
> 反正福到财至,福消财散。

今天我们能居住在平安富足的土地上,应庆幸我们有共同的福业,才能共生福地。既然是共同的福报,这福报的来源,应该感谢彼此过去生中所播种的善因,常生布施的欢喜心。

贫病众生的苦难,不外是饥、寒、病痛等几种因素,要真正发挥长情大爱,必须对众生起怜悯心,身体力行慈、悲、喜、舍来救护一切;饥饿者给米饭,受寒者给衣物,病痛者送医疗,使他们欢喜满足。

富有的众生也有缺乏之苦,那就是精神上的空虚。富有者容易患有骄傲、瞋怒、贪婪的毛病。因为有钱,生活讲究享受，在纸醉金迷的人生中，抽不出时间静思自省，既没有佛法的甘露滴入他们干燥的心田，又怎能获得滋润，长出智慧之芽呢？更有些为富不仁的人，只会把财产点滴不漏地存放着，就像把稻谷囤积在仓库中不用一样，无法真正发挥功能。

钱财是身外之物，既然是身外之物，也就有聚散的时候；因此，有钱时不必得意，没钱时也不必悲哀，反正福到财至，福消财也散，一切都要看个人曾经播下多少善种子而定。所以我们应珍惜这分福报，好好地利用它，随分随力发挥大爱的精神，造福人群。

清流

> 我们每个人心底都有一股清流，
> 都有一块福田，
> 隐藏着丰沛的泉源。

我们每个人心底都有一股清流、一块福田，隐藏着丰沛的泉源。佛教的精神，正是要启发每个人心底的这股清流。

智慧，与受教育的高低无关，而是人人与生具有的。佛陀曾说："心、佛、众生三无差别。"人心和佛、众生虽然是三种名词，事实上却是同一种本质——清净的智慧。这分清净的智慧，可以发挥极大的功能。社会的发展、国家的发达、世界的文明，都是人们运用智慧而创造出来的。

在凡夫称为"人心"，在佛家称为"佛性"，二者名异质同，差别只在于人们常忘了发挥清净的智慧，让欲念蒙蔽、污染了清净本性。

因此,智慧和聪明、佛性和人心都是相同的,只是智慧是清净的,聪明却沾了污染;佛性是清明的,人心却带着欲念,差别就在清净与污染。

可惜今天社会的进步、国家的发达,都只是借着凡夫心,运用世智辩聪加以创造发展,并没有发挥清净的智慧,因此难免造成善少、恶多的结果。

现代社会经常出现混乱现象,大家常感叹人心不古,其实并非现代人没有良知,而是良知遭社会物欲污染、蒙蔽。佛陀教育我们,要努力以"净心"来涤除污染,让良知显露,由智慧启发良知,将"慈悲"的"无私"精神和利益众生的大爱延伸出去。

目前社会需要的正是一股慈爱的清流,来洗刷物欲污染、仇怨不平的横逆,重建道德尊严及人类本有的良知良能,涤尽人间黑暗。假如能以佛陀的清净本性,发挥那分清净智慧的功能,我们的社会就会成为一片净土。

浊世绽清莲

世界尽管黑暗，
我们必须像莲花出污泥而不染，
不为周遭的环境所诱惑。

"人天长夜，宇宙黮暗，谁启以光明？"

这是"三宝歌"的起句。我们看到当今社会这么纷乱，世界如此黑暗，希望有大悲、大智、大愿力的人来启开众生的心门，将事理厘清，把心中的黑暗赶走，显露灵觉曙光。

正信的佛教徒，应该知道拜佛的道理，也要知道拜忏的意义。拜佛的意义是迈向信仰的目标，拜忏即是改善人生、美化心地，至真至诚地反省忏悔。

众生心地污染，昏沉黑暗，事理不明，就会常起人我是非的争执与计较，忏悔就是要洗掉这分不好的心思与习气。

人生的确有许多黑暗面,在这么黑暗的社会,我们应以万蕊心莲来成就清净的世界。

世界尽管黑暗,我们必须像莲花出淤泥而不染,不为周遭的环境所诱惑,提出勇气,尊重自己的能力,以恭敬心、诚心、热心造就福田,驱散心中的黑暗;要有坚强的定力,栽培出朵朵清净的心莲,绽放出慈心之光。

人生在世非常短暂,名利亦无常,以因果观而论,人生世事只是南柯一梦,都是因缘的聚合,一切名利情爱都带不走,随身的只是"善"、"恶"业而已。

《六祖坛经》中,五祖说过:"有情来下种,因地果还生。"只要因地以诚心来播下种子,来生必得果报。济世工作,不但救贫教富,且能提升人格、美化人生、造就和乐世界,这就是人生的善业。

及时再造福

不要以为目前很富有，

财产很多，福已经足够了，

不必急着再造福。

生活在人间，若能保有一分清明的智慧，自然就不会被痴迷的感情所束缚。

感情的痴迷，会使人心地黑暗；我们如能把感情扩大，就不会有痴迷。所以必须以智慧点亮心灵的光明，去除种种痴暗。

世间没有一样东西可以永久不坏。所以我们千万不要等到下个月才发心造福人群，或是等到明年、等到退休时、等到……这都会来不及的，到时候想做可能因缘已不允许了。

不要以为目前很富有，财产很多，福已经足够了，不必急着再造福,要造福也须等到自己没有责任负担的时候。岂知有许多人过去曾显赫过、富足过,但曾几何时,却沦为被救济的对象。

所以有福之时,更须及时再造福田,不要等到"有时间时"才想做,这是靠不住的。今天能做的就赶快去做,做了马上得到欢喜的这分善念最可靠,也是最现成的福。

为工作而生活

义务的付出,

在工作忙碌中,

会产生一种享受牺牲的快乐。

济世工作是以服务的精神,对人生尽本分、为社会奉献,发挥济世救人的工作。

现在的人每天都很忙碌,而忙碌的原因大多是为生活而奔忙、为享乐而绞尽脑汁、为多赚些钱而造成身心莫大的伤害,因此苦不堪言。我常惋惜这些人不懂得争取时间,为社会做些服务的工作。

一般职业事业的忙碌,与义务性志愿为社会服务的忙碌,在心灵上的感受是两种完全不同的境界。肯付出心力为别人服务的人,因为抱着义务的精神服务人群,所以无论怎么忙碌,仍会感到很愉快。如果是为了职业或做事业,争取利益而忙碌,一定会忙得无可奈何、忙得非常烦恼。

所以说,同样的人生,同样的忙碌,却有不同的心境;因为义务的付出,在忙碌中会产生一种"享受牺牲"的快乐。

所以,人有两种生活形态,一是为生活而工作,这种人是不得不工作;另一种是为工作而生活,这种人是为了替人群付出良能而生活,这是人生真善美的正确目标。

修行人要有佛陀的大慈悲心,要有拔除众生苦难的意愿和担当,要心系众生的苦乐。众生快乐就是我们的快乐,众生痛苦就是我们的痛苦,大家要互相共勉;为工作而生活,为救度众生而努力。

时间的累积

物换星移、宇宙生生不息，

一切学业、道业、事业，

都是时间累积成的。

星期日在社会上一般的机关行号是休息日，不仅是身体上的休息，还包括精神上的调息，这就是所谓的"星期日"。

其实，世间从无休息之日。物换星移，宇宙生生不息，不断地新陈代谢，有哪一天是休息的呢？

只为了顺应众人好逸恶劳的习性——人人不爱忙碌，大家皆喜欢悠闲、贪图享受，若较忙碌便觉得辛苦，所以上班者就拼命争取休息时间。相反的，若是自己主持事业公司的人，便尽量争取员工多付出劳力以增加产量，扩大营业。

如此,上班的员工便会计较:大家都休息,我也应该休息——"休息是为了让明天有更好的精神和体力。"其实,人有哪一天是休息的呢?每个人一生中不断地消耗体力,爬山、郊游、应酬、看电影、上馆子……无一不是在活动,无一不是在消耗体力,仅是观念上的差别而已。

我常常呼吁大家要利用时间、把握人生。因为多休息几天,并不会增加几天的寿命,多工作几小时,也不会亏损几小时的寿命。

一切学业、道业、事业都是时间累积成的,会利用时间的人,可以随时把握分分秒秒去活动、去进修;不知利用时间的人,在一星期七天中,就斤斤计较于一天半的休息。所以,有修养的人就能做到"在职尽责",不计较时间,尽自己的责任和能力做好本分的事。

百善之源

> 父母爱子女的心，
> 就像是泉水由上往下流，
> 那么自然、那么恒久。

父母爱子女的心，就像是泉水由上往下流，那么自然、那么恒久；若要子女孝顺父母、关心父母，却像水由下往上流般地困难。

现今社会，有些人早出晚归，有些人晚上出门，一直到天亮才回家，连和父母亲见面的机会都没有，又怎能寄望他们会去关心父母亲的衣食冷暖？可是做父母亲的，却常把一颗心系在孩子身上，关心子女的健康、学业、工作等等；而为人子女的，却不见得会了解父母的关心爱意。

有些夫妻在子女幼小时失去了另一半，这些当父亲或母亲的，为了子女的幸福，不敢再娶或再嫁，因为他们顾虑后母或继父不会疼爱自己的子女,所以全心全意地养育子女,把所有的希望寄托在孩子身上,心甘情愿地承受诸多苦难。

等到子女长大了,为了求学或就业而离乡背井,刚开始时,他们还会想念父母,但日子久后会慢慢把这分亲情移转到朋友身上及异性的感情上,于是亲情就慢慢被淡化遗忘了。

百善孝为先,佛陀教化众生,常言一切善法要由孝亲开始。有孝才有善,"善"就是好事,对父母不孝敬的人,他还会去爱与己无关的人吗?缺乏孝心而去讲究善法,那就本末倒置了。

教子之方

> 要用妈妈的心、
> 父母的爱,
> 施于大地众生。

一般人的爱心,只局限于自己所爱的人;而所爱的人,不外是先生、太太、子女、父母。

我们应该突破狭窄的范围,将爱推广出去,普及整个社会人群。一个人若时常抱着感恩的心,好好思考日常生活的来源,就能体悟到:没有一个人,可单凭自己的力量生活在世间。我们要靠社会一切众生的帮助,才能维持生活;既然如此,我们应该"取之于社会,用之于社会",多去付出,不断地彼此感恩。

现在有很多人,爱子女爱得很苦恼。因为对子女要求过高,子女却无法顺合其意;彼此心中承受了很重的压力,久而久之，亲子之间甚至会造成难以弥补的遗憾。

所以我们对待子女，要像揉汤圆一样，轻轻地揉，不要太用力，使这个汤圆在我们手中，被搓揉得非常圆。这个譬喻，是指要扩大我们的爱心，不要将所有的爱，只放在自己家人身上，过于关爱会形成压迫感。

要用妈妈的心、父母的爱，施于大地众生。将别人的孩子，当作自己的孩子来照顾；把别人的父母，当作自己的父母来恭敬。如此对待社会大众，付出真诚的爱心，对子女也是一种无形的教育。

用菩萨的智慧教育自己的子女，子女就会依照父母日常生活的行为来待人处世。如此一来，亲子之间，自然一片祥和慈爱，再无苦恼与压力存在。

莫使父母忧

孝养父母是尽人事、尽形态，

要殷勤、顺从，

不要让父母烦恼、操心。

我的生命从哪里来？父母如何为我付出爱心，我应如何回报父母？

做人要饮水思源。俗话说"百善孝为先"，为人处事要达到善的境界，先要从回报父母做起。

回报父母就是孝养父母。儒家所讲的孝养父母是尽人事、尽形态，要殷勤、顺从，不要让父母烦恼、操心，这就是孝。

子女会让父母操心的，有自我的行为和身体的状况。"自我的行为"是指血气、体力非常强健的人，却不能善用强健的身体发挥功能，做利益人群的事业，反而为非作歹，让父母伤心。

父母都是望子成龙、望女成凤,希望子女能在社会上从事好的行业。如果为人子女的,能够事业有成、安分守己、利益社会,实至名归地得到赞扬,就是使父母最满足的孝养。

有的人却不能安分守己,将自己强健的体力用在不正当的地方,破坏社会,使父母心烦、心急,换来社会人群的唾弃辱骂,让父母蒙羞,这便是"行为的不孝"。

也有人虽然很孝顺,却让父母非常操心,为什么呢?因为不知自爱,不会爱惜身体,毁伤了身体,结果使父母担忧操心。看看医院挂急诊的人,有和人打架的、有骑飞车去撞人或被撞的,做父母的为这些子女肝肠寸断;除忧烦自己的子女外,又担心子女打伤人、撞到人等种种心理负担。

父母生我、养我、育我,若能真正利用这个身体来爱一切众生、救一切众生,发挥服务社会人生的功能,则在现世中更能使我们的父母得到一分心灵上的安慰以及无限的快乐。

生日的省思

> 我们要知恩感恩,
> 要多为父母种福,
> 就是在报父母恩。

有些人一到生日就大宴亲友,铺张庆祝。仔细想想,我们在人间如果不会为人群付出,我们的人生与其他动物有何差别?

我们一辈子不知吃了多少人辛苦耕种的米,穿破了多少别人辛苦织成的衣服;若对人生毫无贡献,只是一个消费者,"生日"还值得庆祝吗?

生日就是母难日,母亲为了生育我们,受了很多苦,十月怀胎阵痛时的呼天叫地,生死在一线边缘。母亲受难、受折磨的日子,我们应思报答感恩,才是真正的孝。

我们要知恩报恩,要多为父母种福,多为父母行善事,就是在报父母恩。因为身体是父精母血构成的,我们做一件好事,这分功德就是父母的,报答他们当初所付出的担忧、操心以及种种辛苦和烦恼。

打开烦恼之缚

> 一般人常会患得患失,
> 人如果没有"得"的心理,
> 就不会有"失"的烦恼。

一般人常会患得患失,以致心境无法安定,思虑无法澄澈,心灵时时随着外境的变化而起伏动荡。与人相处,往往为了自我的利益而勾心斗角,既患得又患失,终日为忧愁缠缚。其实,人如果没有"得"的心理,就不会有"失"的烦恼。

人生活在最平常、最平淡的日子里,心理最为安定。在平凡清淡中过着安详而有意义的人生,因为没有患得之心,相对的便没有患失之苦。反之一味追求欲爱,得不到满足,就会沉溺于忧愁惶恐之中;人一旦生活在忧愁惶恐中,就容易丧失自信,怯懦逃避。

佛陀说："众生之苦是从欲所生，因欲生忧，因忧生怖。"人们的烦恼都是因为欲念而起，而欲念就像一个破桶一样，无论添进多少水也会逐渐漏失，永远填不满。欲望得不到满足所以会有忧愁，有忧愁就会生起惊惶不安之心。

"爱河千尺浪，苦海万重波"，求而不得是苦；求得之后仍无法满足，禁不起欲爱的鼓动及外界的诱惑，又永无尽期地渴求，有如汹涌的波涛，一波未平，一波又起。这无限的爱欲与情欲，就是人生痛苦的因由。

因此，想去除烦恼一定要调整自己的心念。

心满意足的人，即使是一草一木，无不视为美景春光，感觉非常满足快乐；不知足的人，即使享有人间最丰富的物质生活，也难遣心灵空虚之苦。所以我们常说"舍得、舍得"，能"舍"即能"得"；待人处事若抱着无量的慈悲、欢喜心，付出而无所求，就能事事如意。

我们应该具备充分的信心，拿出勇气降伏忧愁、欲念；得时不贪著、失时无挂碍，就能打开烦恼之缚，心灵自在轻安。

五欲枷锁

人间的五欲，

总是束缚着人的身心，

就像是套上了枷锁一样。

人间的五欲——财、色、名、食、睡，总是束缚着人的身心，就像是套上了枷锁一样。

佛陀的弟子跋谛曾说："当初我身为国王时，居住在王城宫殿，重重围绕，卫兵层层保护，身心实在不得自由。自从我出家后，日中一食，逍遥自在。夜晚睡在树下，置身于大自然的环境中，毫无牵挂、自由自在，这才是真正的快乐。"

这是舍欲守真的真善啊！修得自由自在，心无挂碍，才是修行的目的。所以说，人生所以虚伪，只因贪欲心起；真正要得真善、真快乐，就要心无杂念、去掉烦恼，无欲无伪才是真正的善道。

每个人如果都心存一念——为善,将会得到无上的快乐。看到那么多贫困孤老的众生,去帮助他、拯救他,却从未想过回报的代价;这种不求回报的心,就是最大的快乐。

超越爱欲

> 人在爱欲中，
> 是永远没有办法满足的；
> 爱欲愈炽，贪念也愈多。

世间的贪著爱欲，称之为"饿鬼爱"，其对"爱"的渴求，就如饿鬼般常觉饥饿难饱。

人在爱欲中，是永远没办法满足的；爱欲愈炽，贪念也愈多。通常物质上愈充足的人，精神上愈感到空虚。放眼古今世界，古代人与现代人有着极端的不同。过去的生活因为物质缺乏，日常所需都是以人力操作，所以事事辛劳。今天物质文明进步充裕，但人心还是无法满足物质享受的欲望，所以为了不断地追求名利、物欲，造成人与人之间处于竞争紧张之中，无暇顾及其他。

从社会看，家庭亲情、天伦之乐的享受是愈来愈淡薄了。老年人既得不到子孙的照顾,而年轻人也忘失了孝道的义务,彼此之间感情愈见淡薄。

目前的社会受物质的引诱,使人们的爱欲更达到了没有止境的程度,造成了心灵上无法弥补的空虚。

要放得下爱欲之心并不困难,只是因为智慧、毅力、勇气不够,患得患失的心理太重。因此,即使在无可奈何的情况中放下,却仍无法解脱。

多数众生在爱欲中打转,苦不堪言;如果众生能从自私的欲爱中解脱出来,抱着诚与正的心来从事济世爱人的工作,参加社会的慈善事业,就会离开个人的欲爱,放长情于众生。

治怨良方

> 我现在为心中有恨的人们开一帖药方，
> 这帖药方可以解开恨与怨的心结，
> 那就是——"感恩药"。

社会上常有一些人总觉得别人给他的爱不够，会有忿恨不平的心理。心中一旦有恨，胸襟就不会开朗。

我现在为心中有恨的人们开一帖药方，这帖药方可以解开恨与怨的心结，那就是——"感恩药"。

有一位心结重重的人，心念只在想着别人辜负了他，他付出友谊金钱来帮助别人，却遭到被倒钱（借钱不还。——编者注）的命运，心中充满了埋怨与瞋恨，所以想要到法院去控告对方。

有一天他到医院里看到脚部神经损坏、抬脚举足无法控制自如的病人，要靠人扶着慢慢复健。平日毫不引人注意关心的两只脚,竟连举起来都有困难,更不用说跨出一步了;所以他感受到应珍惜、感恩自己有完好的一双脚,可去任何想去的地方。

他又看到有人在练习用两只手指把一个小沙包,从一边拿到另一边,练习的人好像使尽九牛二虎之力,直到汗流浃背,手指还是不听使唤。于是他也感恩自己两只健康的手,"双手万能"可以做很多事。

在医院里见到这么多的苦难病患,他的恨与怨也一扫而空了。因为他感恩今天有个健康的身体,所以他打开了自己的心结,启发了悲悯之心,反而决定再去关心他的朋友——倒了他的钱后,内心是否因而不安难过。

用感恩心不但可以打开心结,还可以使人生豁然开朗,心智晴空万里。

物质与爱欲

"爱"要适度、不偏不倚、不极端，
才不会产生怨恨心。

在人与人之间，尽量不要有分别心。对自己所爱的人，能以智慧断除独占的感情；对自己不爱的人或不投缘的人，能尽量善解，以好的心念去对待。若能分别善恶，好好分析所爱的人、事、物，就可做到怨亲平等。

有些事情该发生的就会发生，要以欢喜心去接受；不该得到的就不必太刻意去追求。如此没有爱怨之心，就会适中、恰恰好，不会爱得过分或恨得太深；能平等地对待万事万物，便可安然自在、断除烦恼。

一切的法，是用来修心，一切的物质，是用来帮助生活；任何物质只要能发挥其用途，就应该心满意足。例如居住的地方只要能避风雨，身穿的衣服只要夏能蔽体、冬能保暖,吃的食物只要足够维生,就应该觉得满足。应以知足之心来看待世间物质,然后发挥善的功能,用于处事济众。

在现实的人生里,要踏踏实实地发挥自己的功能,体会生命的智慧,才能看透世间的物质与爱欲,用坦然的心态接受现实生活。

真理之路

　　追求真理者,就像个迷路的人想寻找正确的道路;
　　若能找到正路,不但不会仓皇失措、忧虑恐惧,
　　而且会充满信心与勇气。

何谓真理？理与事能配合,事理相融,即是真正的道理。

世间有许多理论,乍听之下似乎颇有道理,但字义上深奥莫测,令人难以理解。难解则难行,难行难解就是虚渺;虽然表面听来有道理,却非正道,所以"行"不通。

所谓真理正法,是理与事互融。平时所学的道理,要能应用在日常生活中,学以致用;若只是了解文字上的理论,却无法身体力行,那是"得理而不会道,知理却不懂事",不能得到真正的自在欢喜。

追求真理者,就像一个迷路的人想寻找正确的道路;若能找到正路,不但不会仓皇失措、忧虑恐惧,而且会充满信心与勇气。

因此,我们要选择正确的道路而行。在这行的过程中,确实能得到欢喜心,就是行在真理的路上。

站在真理的道路上,迈开大步向前行,心情会更加安定平稳。因为方向正确,即不再迷失,心中自然会产生一股永不歇止、不断精进的意念,沿路风光更是令人感到一分踏实的欢喜。

烦恼的根源

> 一般人在发生事情或面临一个新的境况时，
> 常易生起患得患失之心，
> 这就是烦恼的根源。

人心所起的喜、怒、哀、乐，即是烦恼。

一般人在发生事情或面临一个新的境况时，常易生起患得患失之心，这就是烦恼的根源。

富有的人患失、经商的人患失，这是烦恼；地位高的人害怕权势地位丧失、父母担心子女学业退步，是烦恼；没钱、没地位、没子女的人，想赚钱、想登高位、想求得子女，也是烦恼。

除了上述有形的烦恼外，人心还有无形的烦恼——起心动念。

人的烦恼都是由身口意而来，所以身口意会造作十恶业。身业是杀、盗、淫；口业是妄言、绮语、两舌、恶口；意业是贪、瞋、痴。我们应该好好观察身、口、意，时时照拂我们的心念，心一起念就赶紧自我警惕，做到"意起则灭"。心起贪欲时，即尽速灭除欲念，不使表现在行为上而致造业。心起瞋恚时，要赶快克制住，不使怒意、怨恨致使口出恶言。所以我们要常常修好身业、守好口业，时时专心统摄意念，绝不犯非法之事。

不论是有形、无形的烦恼，我们均要一一断除，训练心思安然自在，没有喜、怒、怨、憎、爱的分别，要有平等的爱念——有平等的大爱，就不会生特别的爱意，也不会起特别的怨恨心；如此就能心情平静，去除欲念，也不会产生患得患失的恼乱心。

爱心为谁有

> 我们的心常常不规则地乱跑，
> 任凭别人来诱引我们；
> 恶的念一旦被诱引，任何坏事都做得出来。

一般人都认为爱心是给别人的，其实爱心是给自己。为什么爱心是给自己的呢？因为爱心就是爱自己的心，我们要好好地关心自己的心，时时注意自己的心是否抱持着一分善念。

我们的心常常不规则地乱跑，有时跑到恶的地方，有时跑到善的地方，有时不善不恶，任凭别人来诱引我们；这就是没有把心照顾好。心如果没照顾好，恶念一旦被诱引，任何坏事都做得出来，任何坏话、坏的形象都表现得出来。

平常人的心都有：贪婪、瞋怒、愚痴、骄慢、猜疑。这五种心病,是因为我们没有把心照顾好,才会一一现形。

慈济功德会创立的目的在于"济贫教富"——济助贫苦的人免受冻饿,度过困厄;提醒富有的人知足惜福、扩展爱心。贫困的众生缺乏的是物质,物质比较容易满足;而富有的人所欠缺的是精神食粮。富有的人如果贪得无厌,那分饥渴的心和贫穷的人有什么不同?现在的社会真的很需要爱心,希望大家把自己的心照顾好;能照顾好自己的心,对人生就懂得关心,自然对人群也会付出爱心。

拨云见月

烦恼就像乌云,

尽管乌云遮住了月亮,

但在云层后面的月亮还是那么圆。

同样是一轮明月,有些地方却看不到,为什么呢?因为月亮被乌云遮蔽了。

月亮本来就在虚空中,它既不增也不减,而我们看不到月亮是因为云层太厚,遮蔽了它的光亮;这就如同我们每个人都有清净明亮的智慧一样,并不会因年龄的老或少,而增减我们内心与生俱来的这分本性的明月。

既然每个人都有这分与生俱来的清净智慧,为什么有些人却烦恼重重呢?因为这些人受到社会环境的污染,以致产生了烦恼心,患得患失,时日一久,自然而然烦恼成习惯,很多事情就看不开、放不下了。

但有些人却比较开朗,任何事都看得开,看得开也会成为一种习惯,比较没有烦恼,如此自然精神充足,分辨事情清清楚楚,这就是智慧。相对的,烦恼多的人,精神容易分散;精神一旦分散,智慧当然就减少了。

所以说烦恼就像乌云,尽管乌云遮住了月亮,但在云层后面的月亮还是那么圆,只要云层散开,月亮自然就显露出来。

我们如果能拨开烦恼心,自然智慧光明就会显现。

淡泊养智

只需六尺长、三尺宽的位置，
就够我们这副身躯睡得很好，
何必奢求什么高楼华厦呢？

人为什么会患得患失呢？因为身心充塞了无止境的饥渴。所谓"饥渴"，即如饮食常感欠缺而不能满足；人一旦不能节制这种无止境、饥渴难耐的追求心理，当所求无法满愿时，必然会产生痛苦。

在生理上，我们要照顾身体的健康，适度地注重营养的调摄，但以知足适量为原则，不要被口腹之欲所役使。

古人也曾说过，山河大地犹有填满之时，唯独人类的"鼻下一横"——嘴巴，永无填满之日。想想，我们的嘴巴填塞食物已经填了几十年了，却怎么也没填满。明明早上才用过早餐，到了中午便觉得饿了；中餐才刚吃饱饭，傍晚时却还是得吃。甚至有人还有吃零嘴的习惯,甜的、咸的小点心,各式齐全,嘴巴永远没有休息的时候。

俗语说:人心不足蛇吞象——试想,大象这么庞硕的动物,一条小蛇对它根本无可奈何!虽然行为上做不来,但是贪婪之心,竟想将大象吞噬下去,可见小蛇之贪得无厌;我们人会有痛苦,情形也类似于此。

人生在世,有如雪泥鸿爪一般,本就没有什么好计较的。一碗白米饭即可吃饱,只要有足够的营养,何必一定要吃满汉全席?只需六尺长、三尺宽的位置,就够我们这副身躯睡得很好,何必奢求高楼华厦呢?

物质欲望淡薄,自然能从淡泊宁静中长养智慧;如此一来,生活中就没有什么烦恼、得失了。

生死之间

> 有生就会有死，
> 因为生的那一天就是死的开头；
> 反过来说，死也就是生的起点。

人生多苦，莫过于生、老、病、死。

有生就会有死，因为生就是死的开头；反过来说，死也就是生的起点。凡夫生死不能由己，随业力而舍此投彼，今生依照各人所造不同的业力，来人间受着不同的苦。

宗教上所说的生死，与社会上所说的生死并不一样。社会上说到生，就想到要恭喜，佛教却认为死才是真正值得恭喜，因为它已消掉一段业缘。

人一生的罪与福是自作的，世间人生活的形态是甜是苦、是幸或不幸，都是过去生的业力所带来的苦乐果报；因此我们应该以一分欢喜心来承受。

除了生死之外,老也是苦。身体不自由,而且六根衰败——眼睛看不清楚,耳朵听不清楚……牙齿也掉光了,自身的活动也无法像年轻人那么利落,意识更无法像年轻人那么敏捷。人一旦上了年纪,就会慢慢退化。

老是苦,病了更惨!但是病是可以预防的。病有身病与心病两种,身病可找医生预防和治疗,心病却要找大医王——佛陀来治疗了。

了解生死之后,我们要确立正确的生命价值观——在这个社会上,人与人是互相对待的,我们今天的成就,是众人付出心力的结果。人生最重要的是发挥我们的良能,假如每个人都抱着:我来人间是为了学圣人、利群众的心理,就能时时乐在生活中。

幸福人生

克尽做人的本分，

在工作中得到快乐喜悦，

就是最踏实、最幸福的人生。

时间可以成就一切学业、事业、志业。

每个人的人生，真正用在做人做事的时间极为有限。一天有二十四小时，睡眠八小时，三餐饮食约二小时；一个月三十天，就睡了十天、吃了六十小时；一年十二个月，睡了四个月，吃掉七百二十小时。又除去幼年不懂事、老年不能做事，还有学生学习的阶段；一生数十年，真正能为人群付出的时间，即使再勤劳的人，也只有三分之一的人生而已。若还要时常觉得"我太辛苦了！我身体不舒服，需要休息！"那么，这一辈子斩头削尾，再扣掉这些吃、喝、玩、乐和对自己计较所浪费的时间，还剩多少？

有智慧的人,视时间如钻石;愚痴的人,将时间当作泥土。若能把时间当作钻石般地珍惜,精勤不懈,则世间没有不能完成之事。若在日常生活中,心思涣散昏沉、贪图逸乐懈怠,闲来无事只想着:痛啊!苦啊!那么只是让时间平白地流逝。

所谓"寿命"是指真正发挥生命功能的年岁,而不是活到八十、一百岁就叫长寿。如果活着而无法发挥功能,就成了"活的死人";若能生活得非常踏实,充分发挥人生的功能,即使死后,其德仍存,这称为"死的活人"。

活到老、学到老、做到老!分分秒秒,每个时刻都须保持清醒;即使有病痛疾苦,也不可在昏沉中虚度光阴、在忧郁中浪费生命。

人生的意义与价值,不在于生命的长短,而在于自己为世间付出多少。只要克尽做人的本分,在工作中得到快乐喜悦,就是最踏实、最幸福的人生!

智者运命

人的命与相是相通的，

而相会随着业而转。

所以，命与相都不是绝对的。

凡夫被命转，圣人能转命。

众生依善恶业而来，命运各自不同，在佛法中称作"业力"，世俗人则称作"运气"。

"业力"是说我们这辈子所受的果，是由过去生中的因而来，它是无影无踪、无形无相的善恶意识。

凡夫非常关心自己的命运，但自己无法预知，所以必须找人"算命"。过去的算命先生大多是盲人，许多眼明的人拿自己的八字给瞎子算，这不是矛盾吗？人的命在八字吗？八字是时辰，何时落地已是定数，由不得自己。而那些迷茫不知所从而去算命的人，却认为江湖术士能算得准,为什么呢?因为算命先生怎样说,他就怎样做;所以自己的命已经被人掌握、控制,也就是说"命"被转了。

人的命与相是相通的,而相会随着业而转。有人过去的面相看起来很凶恶,但如果他做了善业功德,心生欢喜,行为举止自在磊落,相就会因此改变。所以,命与相都不是绝对的。

除了算命之外,有些人也很讲究"风水"。其实,福人居福地,任何屋子、任何地理,都与居住在此的人过去所造的福业、恶业有关,由不得人;因此,一间屋子的位置,若只凭粗浅的见识来论定风水,则居住下来一定不会平安,因为居住者的心态已经受到影响。

其实我们应该多多用心于日常生活、待人接物的道理,不脱离做人的伦理原则,生活态度正确,使我们的生活形态、行动举止、思想观念,都归向善念;心地光明磊落,不以物欲贪著为福报的标准,活得平安快乐,这就是"正命",何需请人占相吉凶?

如果胡里胡涂地随着过去的福延续现在的缘,生活如意顺利而不再造福利人群的因,如此"享福了福",福报享尽就没有了,这就是不能惜福。

所以,"命"是可以改变的,完全掌握在自己手里。

我

人到了生命最后一刻,

不但这个身体没有人能为你留住,

连感情也可能消逝得令人惊惧。

世间上有哪些东西是"我"所拥有的?又有哪一样东西永远是"我的"?

人有一口气存在时,就有占有心,常会说:"这个人是我的什么人,这间房子是我的,这些田地、财产、地位、头衔……都是我的。"

然而,等到"我"这口气断了以后,这个"我"是否还能拥有这些房屋、财产、土地,甚至自己的身躯呢?

其实,连"身躯"都不是自己的了!因为一个死了的身躯,家人不会永远将他留在家里,更不可能继续爱他,甚至很快就会被埋掉或烧掉。所以,这个"身躯"根本不再属于

"我",那些亲朋好友也不再是"我"所拥有的了!

世间之物,即使是我最爱的东西,在生命终了之时,难道能带走吗?而我最爱的人,他们又能留住我吗?不但这个身体没有人能为你留住,连原有的感情也可能消逝得令人惊惧。如此,究竟什么是真正的"我"呢?

若能看透人生"无我"、只有"大我",就会将"小我"的生命与时间多付出,奉献给"大地"众生。

舍弃"我"

> 要真正地完成人格，就必须付出代价——忘我。

众生烦恼是因为"我执"的关系，以"我"的自私心理为中心，以自我为大。如此不但使自己痛苦，也影响周围的人群跟着争执痛苦。因此，真正求解脱就是要"忘我"——把私我的观念突破，超然地挣脱束缚，与大地万物合为一体，舍弃小我、成就大我，才能获得大自在。

凡事都要为众生着想，如果为自己着想，那么不但真正超然的大事业无法成就，即使是本身的修养亦无法完成。

所以要真正地完成人格，就必须付出代价——忘我，才能在修身养性中，造就身心健康及幸福的人生观。

人生在世不过数十寒暑，时间对我们而言是很重要的。会利用时间的人，就可以累积功德、完成道业，一切事业都是长时间累积起来的；不会利用时间的人，每天无所事事、游手好闲，长时间下来只会造更多的恶业。

我们需要一个很长的寿命，那就是法身的寿命。法身需要福德智慧来照顾、延长，就像色身需要衣食住行来保护一样。因此我们除了照顾色身之外，更要为未来的法身慧命努力，使爱心永留人间。

最美的形态

形貌并不重要，
　真正让人喜爱的是温柔、殷勤的形态。

很多人都过于保护自我，怕自己的身体太劳累，而舍不得付出力量。

有的人怕双手太粗糙，舍不得用双手做事；为了使青春永驻，去美容院把皮肤磨得又细又白；怕脸上有皱纹，连笑都不敢，把笑靥冻结起来，成了名副其实的"冰霜美人"。

而看看她们双手双脚的指甲，都经过美容师修剪，修得又细又长，涂抹得非常红艳，因此不愿用手做家事、洗衣服，工作时还要戴手套、擦护手膏，深恐双手粗糙生茧。

其实，形貌并不重要，真正让人喜爱的是温柔、殷勤的形态。温柔是指面容干净、时常面带笑容。微笑的面容比"抹黑擦白"的化妆更漂亮；保持温柔的气质及干净的肌肤,更会令人喜爱。而粗糙的手比涂满色彩的手更令人觉得踏实、可贵。

有位部长夫人,以一般人的观念来说,应以华丽的装扮来配合她的身份。但是她与一般妇女一样勤俭,自己上市场、下厨房、打扫房屋,双手粗糙厚短、指甲不曾修饰。婆婆的衣服均由她亲手缝制,全家羹汤也是自己下厨烹煮,来配合婆婆、先生以及儿女的胃口,令全家高兴快乐。

这样的女人最美,因为她没有地位高下的分别心,也没有自大、骄慢的傲心,朴实而真诚,温柔而贤淑,完全显露出美善的一面。

人不可为了求安逸、怕操劳而过度保护自我,这样反而无法提升人格。真正的人格必须以身体力行来提升,永不懈怠。

人间菩萨

> 菩萨有很长的情、
> 无微不至的大爱,
> 生生世世都不间断。

一般人遇到困境的时候,常会念一声:"菩萨保佑!"但是有很多人不知道"菩萨"两字的真实意义。

"菩萨"是梵语"菩提萨埵"的简称,其意是"觉有情",也就是觉悟的有情众生。

菩萨有很长的情,来到人间延续过去生为众生撒下的情缘,生生世世都不间断;也有无微不至的爱,情承以往、远观未来,能包容天下。

世俗凡夫所谈的情是私情、是染著的情;所谈的爱是染污的爱、是不清净的爱,是很小也是很短的爱。

佛、菩萨、众生所结的缘是不解之缘,这个缘就是永久的长情大爱。如阿弥陀佛发四十八愿度众生；普贤菩萨发十大弘愿；地藏菩萨立的愿是："地狱未空誓不成佛，众生度尽方证菩提。"这些都是觉悟后的"有情"。

我们众生也叫做"有情"，但这是迷中之情——知性被埋没了，是迷中的有情者。执迷的情与爱，所带来的除了痛苦，还是痛苦；会使人失去良知良能，造业害人。

真正的菩萨在活生生的人间。只要有觉悟的自性，有大慈大悲大愿心，真正以大爱长情度人离苦的人，就是有情有爱的菩萨。

忍而无忍

忍就像搬石头压在草地上一样，
地下的种子却依然存在，
只是一时无法生长出地面而已。

我们要如何修行才能得到"真功夫"？功夫一定要从历练中得来；修行的方法很多，但离不开一个字——"忍"。

做人如果经常忍不下一口气，那真是非常痛苦的事；当我们和别人发生冲突时，常常理直气壮地认为："你不让我，我为什么要让你？"彼此互不相让，为的就是争一口气，如此一来，自然就陷在无比的烦恼、痛苦中。

一位年轻小姐满腹委屈地告诉我："师父，我对于工作非常尽心，甚至经常接手同事们不愿意做的事，但是仍然有人说我做得不够好、不够多。无论工作多辛苦，我都可以忍受，但我如此卖力，他们不但没有称赞，反过来还嫌弃一番,我实在咽不下这口气!"

我回答她:"你目前的功夫只是'忍'而已,还没达到'吞下去'的地步;其实,真正的功夫不只是吞下去,还要能够消化掉才是真功夫。"

"忍",就像搬石头压在草地上一样,地下的种子还仍然存在,只是一时无法生长出地面而已。所以,先由忍做起,然后要把忍的感觉吞下去,进而消化掉,提升到"忍而无忍"的自然境界。

比如再美好的食物,也必须经过吞食、消化后,才能吸收营养、排除杂质。同样的,当别人说了一句难听的话,你听了之后不把它消化掉,那句话就会永远存在心中;别人讲的也许只是一句无心的话,而你却当成"有意",如此,自己的心便经常受到伤害。修行,就是要学"吞得下",又能"消化掉"的功夫。

她听了这些话,虽然泪珠仍挂在眼眶,却开朗地笑了:"师父,我明白了,是不是因为自尊心太重,所以容易起烦恼,别人嫌一句不好,自己就受不了?"

我说:"对! 一个人的自尊心太重时,就会形成'我慢心',总觉得自己已经做得很好了,为何得不到赞赏反而遭议论?这就是自尊心膨胀成'我慢心'的反应。也因为有自尊心,所以会自我要求把工作做得更好,如果做不好,就会生出自卑感,但是在面对别人时则转为'卑劣慢'——因自卑而转化为傲慢的态度,美其名说是自尊心,其实是卑劣慢!"

她又说:"以前我在某个单位工作时,总觉得同事们都对不起我,因此生活得非常烦恼,无法和他们相处,于是要求转换到目前的单位。现在回过头来想想,当初的同事都很好,他们并没有什么差错,是我自己不对。"在这个新的工作单位里,她遭遇到比以前更多的烦恼,但也因为经历这些磨练,促使她回想到过去自己所犯的种种错误而加以检讨、反省,进而彻头彻尾地改变偏差的人生观点。

有时我们处在好环境中,却不知道珍惜它,只觉得"我不负人,人人却负我";换个环境后,因受到另一种人事的磨练,才体悟到当初的人事并不比目前的差啊!为什么在那里我感到痛苦,换到这里我还是痛苦呢?

症结出在自己的身上,因为"我"不会忍耐,不知吞下这口气,更不懂消化掉这口气。

修行的功夫层次千差万别,方法也很多。可是如果少了"忍让"和"消化掉"的功夫,那么即使获取其他的法宝,也往往派不上用场。

我们要记得常常反省自己:是否自尊心太强或有卑劣慢?平常做事要随分随力、尽全心去完成一件事,事情做完后,即使发现结果并未达到完美,但因为自己已竭尽心力,所以大可心安理得,不必在意别人的批评。

若是对任何人事都能存着"感恩"与"宽容"的心去"善解",我们就能常保欢喜、快乐自在。当我们具备善解的能力时,前面所提的忍让、吞下、消化的功夫,就可备而不用了。

择师与敬师

现在有许多人丧心败德；
道德败坏起于不能尊师，
心志丧失因于不能重道。

有句话说："生我者父母，成我者师长。"

人的身体从父母而来，而要成就道业学业，则必须仰赖师长。因此，我们除了孝养父母之外，还应该奉事师长，遵从他们的引导。

过去的人学一门功夫，一定要拳拳服膺、顺从、尊敬师傅，才能得到师傅全心的调教和真传；如果态度轻慢，不认真学习，必致一无所成。而现在的教育普及，有许多的进修机会，老师也不只一个，因此学习要有方针，并且要慎重选择良师。

择师既在于自己的意愿与志向，想求得师长传授毕生所学，一定要毕恭毕敬，贯注精神，认真努力地学习；尤其引导我们学佛入道、培养慧命、教导并洗炼我们心灵的师长，其恩德既深且重，我们更应该感激与尊重。

学佛一定要跟从正道明师，才能成为正信的佛教徒以造福人间；求道有八万四千法门，那么多的道路，如果今天走这条，明天走那条，走了心乱、听了心迷，又有何益？唯有谨慎选择良师益友，一心一志，才能安心于道，心安则理得。

现在有许多人丧心败德；道德败坏起于不能尊师，心志丧失因于不能重道。古人认为"师之德重于乾坤，弟子事师不敢轻慢"，所以师长一言重于泰山，他们能谦虚诚恳，尊重前辈，甚至舍身求法，所以能修身立德，为后世的楷模。而现在许多学子，却轻视师言，甚至对师长仇视轻蔑，真是可叹！

唯有"终身奉道，以报师恩"，才是真正尊师重道、修身立德的要法。

如何真正体悟道理

我们常常在听道理、讲道理,
究竟有多少人真正体会道理中的真粹?
什么才是真正的体会呢?

过去有位大德曾说:"学道,悟之为难。"意思是说,要真正体会道理中的精粹,实在不简单。

孔子一生一世研究道理,宇宙、人生的真理无不用心研究,但是他自叹穷一生之力,还是很难深入道理的"所以然"、体会道理的真粹。因此他说:"朝闻道,夕死可矣!"意思是早上若能听到一句真理,深加体悟,并且心与理合一,即使晚上死了也不遗憾。

我们常常在听道理、讲道理,可是究竟有多少人真正体会道理中的真粹?什么才是真正的体会呢?

能"得一善而拳拳服膺",日于斯、夜于斯,时时刻刻行于斯,能够早晚时时刻刻依理行事,日常生活中的一切言谈举止、行为动作合于道理,就是真正体悟道理的精粹了。

我创办"慈济功德会"、修学佛法,一生中奉行的道理无他,唯有"为佛教、为众生",这就是我体悟的真理,我一生都沐浴在这"为佛教、为众生"的真理中。

所以,我们只要得一善而拳拳服膺,就能真正体悟道理。

为何小心眼

外面的境界这么大,

进入我们的心里却只剩下这么一点点,

这样的心是不是有很多障碍呢?

我们称一个人"无明",就是指心地黑暗,被阴影遮蔽;心中有阴影就无法了解自己,因此会对自己起疑心,而且不信任他人。

我们先对自己没信心,而后看到他人不好的脸色,就会以为人家对我们不信任。其实,当心中怀疑对方不信任我们时,我们已经先不信任自己了!所以,自疑则无信;信念一被摇动,毅力就会消失;毅力一消失,勇气便薄弱了。

看看人的眼睛——瞳孔、水晶体,只有这么一点点,而我们的视界却能够放眼天下、容纳天地。外面的境界这么大,进入我们的心里却只剩下这么一点点;我们对外所要求的却又这么多,这样的心是不是有很多障碍呢?

因此,我们应该建立信心、启发智慧的光明,返照于内心本性——即反观自性。

另有一种方法就是"念佛",念佛念得"以佛心为己心",以佛心看人,则人人皆是佛;千万不可用疑心去看人,所谓"疑心生暗鬼",就会被阴影遮蔽——用鬼心看人,则人人是鬼。

念佛,并非要求佛陀为我们开智慧、保佑我们身体平安、家人事事如意;而是要将我们的凡夫心转为佛心,把狭小的心念扩大为"心包太虚、量周沙界"。

众生心就是太狭窄了,像针孔一样,小得只能容纳一根线,只求一对一的爱,只求自己得到他人的爱、得到信任、受到别人的重视,这就是狭窄的心。

念佛要念得这颗如针孔般细小的心,能够开扩成"量周沙界",如明月般洁净,如静水般透彻。

何处可修行

修行是在日常生活中,时刻检讨自己。
世间一切人与事,
正是我们修行的环境。

日常生活中,每个人彼此难免有不同的观念,生活习惯上也有些不一样。所以,人与人之间相处,就可能产生烦恼。

世俗人常常会彼此争执,以为"我是他非"而据理力争,每个人都认为自己的道理比对方充足,于是互相争斗不已。为了私我而竞争,这就是一般凡夫。

学佛的人不能有这种见解,我们一定要超脱人与事,对彼此之间不同的观念及习惯,要超然地对待。

修行是在日常生活中时刻检讨自己,修持到"明心见性"。我们长久以来生活在现实社会里,心被污染,迷失自我而形成无明。所以要好好唤醒自己、找回自我,训练自己的心念与行动一致;讲话轻柔温顺,走路细心稳健,行事谨慎踏实;行兹在兹,念兹在兹。

在自我修行的过程中,以律己为先,自己约束自己,谨防做错事、讲错话,或是存有贪婪、瞋怒、愚痴的心念;要以真心超然的心态,宽和对待一切众生;面对顽固的众生,应以爱心去接纳他。如果能做到这种程度,虽然我们仍生活在人世间,外在的形态看起来和凡夫没有两样,但我们的本性已经洗炼超凡了。

为了恒顺一切众生,为了引导一切众生,我们要自我修养。世间一切人与事,正是我们修行的环境,若能好好地修身养性,必定有所成就。

爱发脾气怎么办

发脾气非常简单,
要控制脾气就不容易了,
这是人的通病。

众生多"瞋"——爱发脾气,这是烦恼的根源;这些根源不除去,智慧就无法增长,观念也无法正确。

发脾气非常简单,要控制脾气就不容易了,这是人的通病。我们要用慈悲来制止暴躁易怒的心灵。

一般人由于面对的是事业、领导、管理……等,缺少能够让人培养慈悲的环境,所以容易心浮气躁,多瞋易怒。如果每个人都能了解自己非常幸福,时时刻刻都能培养慈悲心,便会显露出可爱、慈悲、快乐宁静的本性;如此就能制止瞋心,控制脾气。

慈悲若增长,瞋怒心则会减少。慈悲的增长,起源于自我培养爱心；而这种爱必须透彻、无任何色彩，要广博普遍——这在佛教里称为"无缘大慈、同体大悲"。如果我们的观念无时无刻都充满慈悲爱念，对任何人都有爱心，还会生什么气呢？

用慈悲心来创造人生的前途，除了能清净心地，也能去除多瞋之心。培养慈悲心，除了配合好的环境来培养、熏陶之外，更应该以"戒、定、慧"的修持，来消灭"贪、瞋、痴"所造成的烦恼。

化解伤害之箭

不要以别人无心的伤害来伤害自己，

应该当作鼓励，

欢喜接受。

普天之下没有我不能原谅的人。我们要发这样的愿心，对任何外来的评论予以"善解"，不要当作讽刺而耿耿于怀。

其实也许别人是无心的，而我们却有意接受；有意去接受别人伤害，才不可原谅。所以，不要一天到晚以别人无心的伤害来伤害自己，应该当作鼓励、欢喜接受，使自己永离痴恼。

应该时时注意自己的气质与行动，不要动不动一句轻轻的话，就认为对方是在蹧蹋、讽刺你。如果对方真的有意伤害你，那更应该要原谅他，因为他必定有所不满，我们应该赶快检讨自己的言行是否有所偏差。

人生若能时时培养原谅人的心怀，就会时时快乐、时时欢喜、时时幸福。

我们每天都活得高兴、欢喜，看到什么人都欢喜，做任何事也欢喜，这就成了具备爱心、信心、宽容心的初地菩萨。如果一直想着要别人施舍，那一定非常痛苦。若是每天都能心存爱与布施，我们的欢喜心就自然升起。

"给与"是布施、是爱，布施是我们学习做菩萨的第一个条件。能培养欢喜心，使它如月亮般光明、柔和、可爱，自然我们眼中所见的人，都会是美善的。

善护心中的菩提树

昨天的事,今天就要化消,

刚刚听到的是非,

现在就要忘得无影无踪。

我们所住的娑婆世界,又称"堪忍世界",我们要在这个"堪忍"的世界里表现出堪忍的态度,在人与事之间,时时刻刻扩大自我的心胸。

人我是非、毁谤、赞叹,对自己而言,都要视为平常事;要以平常心来摄受一切事,不要有瞋恨计较之心。

昨天的事,今天就要化消;刚刚听到的是非,现在就要忘得无影无踪。要时时抱着这分心,不让瞋怒的烦恼,深种于心田。

所谓堪忍,就是不要有瞋恨心;心无瞋恨,身心就得清净。心中如有一分瞋念,表现出来的态度自然也会带有瞋怒,这样所做的一切功德也就消失了。

比如我们一心一意做利益人群的工作,忽然间有一阵是非闯进我们的心,内心受到影响,因而在精进的道路上停顿下来。如此,在修行的路上就无法继续那分清高而无代价的付出。

我们所做的一切利生工作,都是无代价的付出,这就是清净行;假如要求回报,那就不清净了。

训练堪忍精神的要点是:心胸要开阔,任何风雨是非都不会伤害我们心中的菩提树。这棵大树如果受不了风雨的摧折就轻易倒下,那岂不是不堪一击吗?

所以说,这棵菩提树应该坚固地种植在我们的心田深处——"八风吹不动",这才是真正的修行,从而建立正知、正见、正思和正行。

疑网

心中有了"疑网",
别人若想走进你的心中,
立刻就被疑网隔开。

人生最可怜、可恼的,莫过于对人对事时时怀抱疑心。

若对自己有疑,就容易堕落沉沦,迷失人生的方向;对他人有疑,就无法与人建立善缘、成就事业。

任何事业的成功,都需要无数人心血的投注,才能顺利地进行;假使对周遭的人有了疑心,谁还乐意帮助你呢?一个人心中有了"疑网",别人若想走进你的心中,立刻就被疑网隔开,如此非但无法建立互信的感情,甚至会彼此猜疑争斗。

人际关系若演变到这种地步,别人怎么肯为我们付出呢?减少一分外界的助力,自己也就少了一分立足社会的因缘,势必无法在群体中与人合群相处。总之,无法容纳别人,就不易成就事业。

世间事都是相对的,只要我们以真诚的爱心待人,以光明磊落的心胸处事接物,人生所到之处就会充满真善美。

所以,对人一定要有信心,不要无事生疑;若多了一分疑心,相对地就减损一分信心;如果对自己都失去了信心,当然就无法产生毅力与勇气,那要教别人如何能信赖我们呢?

总而言之,要时时刻刻打开信任之门,接受阳光的照耀;让我们共同扫除"疑心"的阴影,走向踏实而有意义的人生。

扫毒

> 众生都是太过偏爱自己,
> 才会主动去攻击对方。
> 这种含毒的心理,需要加以扫除。

大多数的人都太爱自己,难免就会有一种自我保护的本能,唯恐受到伤害。

有时自我保护过甚,甚至可能演变到"先攻为上"的地步。俗语说:"先下手为强,后下手遭殃",很能代表一般人的心理病态。

好比很多人看到蛇时,下意识就想置它于死地,这是因为怕被蛇咬。然而蛇与它的同类相处时,一向相安无事,为什么遇到人时却凶性大发呢?原因也是同样的——怕被人打死啊!

所以,人同此心,心同此理。众生都是太过偏爱自己,才会主动去攻击对方,这便是所谓的"含毒"。

"含毒"的心理,在一般人际关系随处可见。比如同事之间相处,多数人都是看不得别人好,当别人能力强、受到器重与赏识时,自己每每咽不下这口气,而心生诽谤、百般挑剔,甚至人前人后搬弄是非,引发人际间的矛盾与冲突,这都是"含毒"的具体表露。

人与人之间要相互扶持照顾,这才是健康的群体社会。当我们有意无意说人是非、毁人形象时,无异于"逆风扬尘,反坌己身"——被自己抛撒出去的沙子反吹到自己脸上。诽谤他人是绝对无济于事的,只是徒然毁坏自己的形象而已。

古人说得好:"是非止于智者。"一切的造谣与诽谤,只有同样内心含毒的愚人才会受到影响;若是有智慧的人听到流言蜚语,顶多是一笑置之或报以怜悯的眼光。所以造谣生事的人,只是徒然显露自己的无知与愚昧罢了。

有时候无意间的散播是非,虽然没有伤害到别人的身体,但却可能毁坏了别人的名誉与形象,这种罪比伤害人身还要严重。因为发肤之痛只是一时的,然而名誉与形象的损伤,却可能扭曲他人一辈子的人格,这样的损伤,岂是有形的金钱所能弥补的?所以,无形的毒素有如空气中的污染一样。

我们若有含毒之心,就要赶紧扫除,以免害人害己,贻祸社会。

心理病态

人的心理病态，

多数是由于

自己对外的要求而产生。

世间多病态。由于社会风气太过奢靡，欲念诱惑，使人无法安分守己、脚踏实地，以致倾向病态。

贫困的众生由于家境困难，对所追求的欲望无法达到时，容易起一分忧郁卑劣的心理；有钱的众生，物质虽然很丰富，可是在精神上却永远无法达到满足感，心无餍足。

人的心理病态，多数是由于对外的要求无法满足而产生。先生要求太太温柔，太太要求先生体贴；父母要求儿女孝顺，子女要求父母减少约束；婆婆要求媳妇守分有礼，媳妇要求婆婆减少啰嗦。

如果我们以佛法的精神，以大慈悲的无量心去宽容，各自交换立场为对方设想；如此调和的作用就生效了,这不是更美好的人生吗？

在日常生活中,时时保持快乐的心境,把快乐的气氛带给四周的人,这是"慈"；常常培养恻隐之心就是"悲"；日日心无烦恼、挂碍,就是"喜"；能把自己所知的全部教给别人,不留独家秘方,这就是"舍"。

我们要用佛法的四无量心——"慈、悲、喜、舍",配合礼法来调治自我心理,使自己的心理与形态健康,再推及于家庭、社会。使贫者能感受到内心的富有,富者懂得喜舍,怨者除恨消业；社会就会和乐融融。

良好的人际关系

在团体中，

不要有与人一争长短的念头，

要懂得缩小自己。

人际关系最美的形态，就在一个"和"字，和也可以说是"爱敬"之意。

人与人之间，难免会有一些冲突。修行，就是要让刚才所发生的烦恼事，一分钟都不停留在心中。过去的就让它过去，留下好的种子，去除坏的因子，如"手画虚空，画过无痕"，这即是"耕耘心田"。

人往往容易忽略人家对我们的恩惠，稍有一点不称意便记恨在心。这就像好的种子不留下，却任由杂草丛生。

人生要时时刻刻清除心田的杂念，若常常存留过去的幻想，时时刻刻停滞于过去，就无法向前迈进。

我们要割舍小爱、扩展大爱,要抱着一分宽阔的心胸,普爱一切众生,使众生离苦得乐。

在团体中,若执著"我做我的事,自己的工作做好就可以了,我不管别人的事",这样是不行的,应彼此扶助,互相帮忙。

做一件事,必须具有决心、耐心、信心,并且专心。不要有与人一争长短的念头,要懂得缩小自己,才能进入别人的心目中;并非扩大自己的架势,而是稳重又谦虚,以包容的心与人相处,如此才能建立人缘。人和则事顺,自然能圆满达成工作目标。

一定要身体、工作、行动皆一致,这才是和。所以说:"礼之用,和为贵,先王之道,斯为美"。

我们若能在团体之中,拥有和睦的大慈、宽广的心胸,就不会有人我是非的计较,自然彼此和气,彼此尊重、敬爱,这就能表现出人际间最美的形态。

君子与小人

> 君子的心量很大,
> 能够包容普天下的众生;
> 小人则只在乎自己。

福德智慧圆满的人称作圣人,凡夫只是具有聪明而已。

聪明与智慧不同。聪明的人只有考虑自己,没有想到别人,他爱自己,不爱别人;只会对他人不满意、不原谅、不接纳,却时时宽待自己。

孔子教导弟子说:"君子群而不党,小人党而不群。"一个君子的心量很大,能够包容普天下的众生,只要看到别人欢喜快乐,他即能由衷喜悦,这就是智慧;小人却是"党而不群",只在乎自己,认为自己高兴就好,从不管这样的行为是否利益众生,只顾自己的喜好就拼命去做、不断去争取，认为自己完全对，别人绝对错。

现在的社会，大多数是"党而不群"的人。我们从新闻媒体的报导中得知，许多人与人之间的冲突，表面上是为了理想，其实是固执己见，处处自以为是，以个人的成见表态，无法雅纳他人的智慧，只希望大众能服从他；像这种无法与大家和睦相处的人，就是党而不群。人生短短几十年，应把握时机，好好自我修养，做个群而不党的君子。

心静气和

> 人之相处，贵在和字；
>
> 和则顺昌，
>
> 不和则弊端丛生。

人生多病。身体四大不调是病，家庭吵嚷不和是病，社会动荡不安也是病。

身躯乃地水火风四大假合，既为物质的组合，坏灭是绝对正常的现象，应该坦然承受；虽然肉体会逐渐单薄虚弱，精神却可以常使健康强壮。同样地，一个家庭不应只是追求丰富的物质生活，应着重心灵的沟通，使得亲子、夫妻之间的关系和谐、圆满。须知家庭和谐，即使物质贫乏，仍能丰富天伦之乐；反之，则再多的钱财也抵不过家庭失和的苦恼和缺憾啊！

如今的社会，充满了令人不安的气息。打开报纸电视,一幕幕火爆场面;而造成这些情形的最大原因,即在于人心失和。假如大家能够互相协调,彼此心平气和地处理问题,那将是一个安详和谐的美丽画面！可惜因为欠缺了一个"和"字,导致一片混乱。

人之相处,贵在和字;和则顺昌,不和则弊端丛生;弊端生则事事紧张、处处痛苦。所以,要时时保持宁静的心念;能心静气和,自然能身心健全、家庭和睦、社会安定。

自谦

> 自我修养如同开辟一畦良田，
> 先前一定要下功夫去除杂草、乱石，
> 也就是要先清理自己的心地。

我们在人群中，哪一个人特别有才能呢？世间并没有一个特别能干的人，放大心胸来看，比我们贤能、有德的人比比皆是。学无止境、德无止境，道也是无止境的；所以我们要时时刻刻自谦。

一个人如果骄慢，一定会受人群排挤。因为自我骄慢的人，处处想与人一较高低，即会产生排除别人的心理；表现在日常的行为上，当然也会成为别人所排挤的对象。

有的人说："这是我的习气。"你我他各有不同的习气，将我的见解、思想与行为，全部归纳成习气而不肯改过；任由自大骄慢、与人争斗的心态一再产生，以致不能自制。

自我修养如同开辟一畦良田,先前一定要下功夫去除杂草、乱石,也就是要先清理自己的心地,才能谦虚宽纳别人。

心田中最容易陷于罪恶深渊的,莫过于高傲骄慢。所以我们一定要谦虚,将自高自大的心理赶紧收敛缩小。要小到能容进别人的眼里、走进人的心里,常常让别人的心中映有你的形象,却不会感到有所障碍。若能做到这种程度,对人有敬重的心,自然自己也会成为被他人所尊敬的对象。

要求镜中人笑,要自己先笑;要求镜中人可爱,自己要先表现得可爱。

立信

一个人若无信，

说再好的话，

都很难使人放在心底。

人生最有价值的，就在一个信字；若不能获得别人的信任，就是半个人生，也是不健全、残废的人生。因此要走上人生的康庄大道，必须先在人群中建立让人信任的人格。

要获得别人的信任，就要先相信别人。对别人疑神疑鬼，如何获得别人的信任？因此，我们要互相培养这分信心。佛经云："信为道源功德母，长养一切诸善根。"所有的功德都是从信开始，有一分信就能发挥一分功能；发挥一分功能，就得一分功德。

功德的意思是内能自谦（自信）、外能礼让（信人），想修养到内谦外让,就要下功夫。

一个人若无信,说再好的话,都很难使人放在心底;因此,我们要让别人信任,要先建立自己的信用。

如何让别人相信?也是要"缩小自己,放大心胸",将自己缩到最小,小到放在别人眼底决不会刺眼,还能钻到他的心中,获得他人的信任。

建立自信,然后相信别人,这样世界必会和睦相让而无争斗。

存诚

以"诚"待人,

则人人可爱、

人人可亲。

人生最美丽、最宝贵的特质,莫过于"诚"与"信"。

什么样的人最可爱?什么样的人最可亲呢?以"诚"待人,则人人可爱、人人可亲。

人生若能以"诚信"作为待人处世的准则,则彼此就能以纯真的本性,来利益人间。

在我们尚未认识道理之前,因受到社会的熏习,使清明的本性受到污染而迷失了自我;我们了解宗旨后,就要快快去掉无明,回归纯真的本性,回归自己可敬、可亲、可爱的本来面目。

以一分诚于内的感恩心待人,以一分彼此信赖的心意从事人间事业,这是多么幸福的人生,多么纯真恳切的人生轨道。

凡夫由于受到后天的污染而多心、多欲,一心直向欲境奔驰,一切的恶皆由此所致。人必须去掉多心多欲的习气,去杂还纯、去伪归真,才能回归自我的真如本性。

人生的道路究竟从何而来?目标又何在?在学佛的境界里明白地显示,它是一条至纯至诚,与真理相合的正确道路。我们要走上这条道路,必定要诚心求佛道;理在内、行在外,诚于中、形于外,一切举动配合自己所了解的道理。设若只为装饰自己的名位,道就不纯不诚,自然也无信可言了。

能诚必定能取得别人的信任,能互相信赖就没有欺骗的形态。所以,具备诚信是做人应有的基本态度。

希望人人心怀纯诚厚德,培养诚信,用最纯真、最诚意、最信实的态度来共创人间净土。

从善

> 若时时从附善人，
> 承受他们的教化，
> 就能增加福德。

　　君子和小人的差别，就在于义与利之间而已；君子重义轻利，小人则完全贪图利益。

　　我们若要避开无义之事，就得"不亲愚人"——愚者是指没有智慧，完全只为自己着想，以自己为中心，自私自利的人。人必须时时"思从贤善"——常常追随贤人善士，如此，就可增长智慧；若时时附从善人，承受他们的教化，就能增加福德。

　　善恶的标准，很难做一个绝对的评价，我们要判断一个人是智慧或愚痴，可以观察此人平时所喜好亲近的人、事、物，以便作为评论的依据。

人生在世，很多人不知从何而来，更不知往何处去？在这茫茫的人生旅途上，我们应该寻找自己未来的去处，求得一个正确的方向。假若常常亲近愚痴之人，则前途将茫茫然，方向也容易偏差。所谓"差之毫厘，失之千里"，自己已经迷惑不清了，若再亲近愚者，很容易随波逐流，舍义求利，迷失自我。

孔子说："君子食无求饱，居无求安，敏于事而慎于言，就有道而正焉，可谓好学也已。"君子既不求山珍海味的饮食，也不求高楼华厦的居处，看轻物质上的享受，也看淡了私利，不去追逐。平时待人做事敏捷勤快，谨慎深思，选择有意义的事情，趋向正义之道，并跟从贤德之人，能思从贤善，亲附上士，引导我们增长慧根慧力，修福修德。

愿我们都能从世间万法中得到超越的智慧。

自在的生活

> 世间所有的物质与生命,
> 没有常住不灭的;
> "烦恼"徒令人度日如年。

一般人的心念常常变幻不定,有时生欢喜之念,有时起怨怒之意,有时则萌仇恨之心;原因在于面对各种不同外境时受到了的影响。

面对喜欢的人,我们往往生起占有自私的爱念。

事实上,爱是苦啊!世间有多少人,为了爱而受尽痛苦折磨,造成终身遗憾!尤其是男女之爱,很多人为了不能获得对方的爱,由爱生恨而造下杀业。因此,人际之间一分狭隘、占有的自私爱念,往往不是变质,就是迁移了。

人为了自私的感情,可能造成终身的遗憾,更会连累到爱他的亲人也受到痛苦的煎熬。

一个人自私爱念的生起,尚落得如此凄惨的下场,而仇恨、怨怒,更易造成罪业。

　　人对仇恨能永记在心,但对恩情却无法长记不忘,感恩之念通常非常短暂,很容易变异。一般人常用一句话来形容:"十餐米糕饭,一餐吃稀饭。"即使以前享用了许多丰富的美菜佳肴,全都忘得一干二净,只记得别人今天让我吃了一餐剩余的稀饭而愤恨难消,轻易将别人往日的恩情一笔勾消。这就是反恩为仇,变异的凡夫心。

　　世间所有的物质与生命,没有常住不灭的。若能够有这种心理准备,则无论发生任何事情,都会觉得很平常而能淡然处之。

　　我们应该提起勇气,勇敢面对无常的生与死、顺与逆、乐与苦,因为这些事实随时都会来临,不管人愿意或不愿意、欢迎或不欢迎。"烦恼"徒令人度日如年,若能坦然接受就会过得更轻安、更自在。

　　世俗人的心,往往变灭无常,因外境的左右而浮动,身不由己。我们要训练自我,心念不执著,永远以欢喜的心来迎接每一个当下,就能掌握人生幸福快乐之舵。

尽本分

我们若能把一切工作、一切付出，
都认为是自己的本分事，
这就做到了谦虚的修养功夫。

　　一个愈有修养的人就愈是谦虚,愈有学问的人愈觉得德学不足。因为世间的学问浩瀚如大海,何况出世的教育,更是无量无边。了解道理后,才知道自己距离真理尚远;自觉渺小,才愈会向前精进。

　　人最怕的就是自大。自以为一切功能皆具备,这样便容易骄傲自大。人应该缩小自我,扩大心胸,以谦虚的心求取学问。

　　佛陀的三藏十二部经,陈设在图书馆中,占地有限;假设能将之放在自己心性的藏经阁中,则潜力无有限量。能以自己的心灵来吸收人生真理的教育,不断地精进、不断地发挥效用,则"一理通,万理彻"。日常生活中的每一件事、每一个人,无不是我们应该容纳接受的教育。

人人应该自谦,在一个团体中生活,才能培养"和"的气氛。不要自认为事事比人能干而耀武扬威,败坏了修善的形象,也破坏了别人对己身的观感。

所以我们应谨守本分,若有人称赞你"功德无量"时,即应出自内心来回答:"这是本分事,是我应尽的本分。"

我们若能把一切工作、一切付出,都认为是自己的本分事,这就做到了谦虚的修养功夫。

增长善念

人生无常,

再不赶紧结善缘、生善念,

还要等到什么时候呢?

对一个还没有生起善念的人,要善加培养同情、爱愍的善念。

每一个人的本性都有"爱",只是有些人还未生起一分"同体大悲"的心。

一般人遇到病人或死人,都不免产生畏避的心理;若能将病人当作自己的亲人,便知道自己该如何对待;若能体会到往生者也是自己"同体大悲"的亲人时,难道还会坚持不肯接近死去的人?

很多人虽然有爱心,但却无法培养"同体大悲"的平等爱念,这样的人我们应该赶紧鼓励他,使他培养博爱、慈悲的善念，去参与慰问病患，甚至愿意亲手去扶持、照顾；敢为往生者换寿衣，来表达至诚的善念。只要善加培养训练，自然能使他也生起同体大悲的平等爱念。

所以，我们应当要"未生善令速生"——让善念尽快地长养。人生无常，再不赶紧结善缘、生善念，还要等到什么时候呢？因此我们要自我鼓励，并鼓励他人培养慈悲爱念。

他人若已拥有一分爱心，我们要积极鼓励他，使他的爱心绵延不断。不只是一时短暂的爱心善念，还要使他们能保持长期不断的精进心，去完成菩萨的道路。

大地万物都在演说"成、住、坏、空"四种道理，人的生理也有"生、老、病、死"四相；有谁来到人间能够常住不灭呢？所以我们要把握生为人身的难得机缘，力行善业，精进而不放逸——即"已生善令增长"。

学做圣人

来人间而不迷失人性，

能做人榜样的人，

就是圣人、贤人。

世间人可分为三种——圣贤、凡夫、衣冠之人。

有觉悟的智慧，具足良知良能，领导人间、教育人群、净化人心者，是圣贤。

佛陀自幼生长在幸福如意的环境中，却能不受迷惑；他只有一个心念——爱普天下的众生。他要给众生的，不是物质上的满足，而是心灵上无穷无尽的喜乐。这种超越凡夫的清净智慧、高风亮节的气质和行为，正是圣人典范。

菩萨也是圣人，他以佛陀的教育身体力行、拳拳服膺，不但上求佛道，还要下化众生；儒家的孔子也是圣人。总之，来人间而不迷失人性，能做人榜样的人，就是圣人、贤人。

第二种是凡夫。尽管有善念,但心念不定;如能遇到好的缘或受到很好的宗教教育,就会好好随着这分善缘付出爱心,发挥救人的功能。但凡夫的心就是欠缺"定"力,很容易遭受外界的引诱和旁人的煽动,被境所转而回复到凡夫的心念。

第三种是衣冠之人。看起来像人,但所做的却是非人的行为,这样的人目前社会上很多,是穿着衣服却迷失了人性的人。

人都有过去,也都难免会犯错,但是及时改正错误,就可以去除前愆,甚至超凡入圣,成圣成贤,作为人世的典范。

说"错话"

> 一个人做错事是难免的，
> 但是若一而再、再而三地说"错话"，
> 就不可原谅了。

人有不同的习气、不同的形态，所以做错事是难免的。可是如果一而再、再而三地说"错话"，就不可原谅了。所谓的错话是指：妄语——谎话；两舌——搬弄是非；绮语——无意义的花言巧语；还有恶口——粗暴的言语。

一个会说谎的人，他的行为就会有偏差，多数说谎的人是为了掩藏自己的错误；也有很多说谎的人对许多事情根本不知、不见，甚至是非颠倒，却还一派胡言、强词夺理。

"两舌"是指故意搬弄是非，使朋友间相互仇恨、感情破裂。这种诬是为非、积非成是、东家长西家短，口舌苛利如剑的人，除了伤害他人、暗埋众生之间的仇恨种子外，同时也替自己种下无量的恶果。

"绮语"意谓专爱说甜言蜜语的话。这种好听的话只能维持短暂的时间,因为缺乏诚意,久而久之,就会显露出言行不一的虚假面目。

能说不能行会颠倒是非,花言巧语会迷乱人心,口蜜腹剑的行为更是不可原谅。对治这些毛病,应加强"声"与"色"的修养。

"声"指言语,"色"指形态,前者为"口",后者为"身"。口业不修,要修身就难了。所以我们要以平等大慈的心念修口业,所说的话,一定要以利益众生为前提,与人相处应该多多宣扬好人,时时表扬好事。

月光的联想

> 人间的光明除了日之外就是月。
>
> 佛教将日光比喻为智慧,
>
> 月光比喻为慈悲。

月亮晶莹的柔光,能使人心地澄清。

人间需要光明,而人间的光明除了日之外就是月。佛教将日光比喻为智慧,月光比喻为慈悲。因为日光可分别世间的真理现象,照遍宇宙万物的形象;而月亮柔和、清明的银光就像菩萨的慈悲心一样,照遍众生心地的暗处,使欲念瞋心得到清凉。

佛陀修行成佛的时刻就是在半夜天将亮时,月亮即将隐入山中,而星星仍停留在天际,月光与星光同时映入佛陀的心地,他的心中涌出一股清净的光明。因此,佛陀觉悟了宇宙间的真谛。

所以说,慈悲柔和可消除人心的黑暗,引发智慧的光明。

人生的苦恼来自人的贪心、瞋怒心。我们平时修福修善就像在造林一样,从埋下种子、发芽,到茁长成一片树林,其间若贪瞋心一起,就如同一把火,会将过去所培养的慈悲心行完全烧光。

因此,要常以法水滋润心地,时时培养慈悲心、实践慈悲行;就像一股静柔的月光,光明而清凉,以此来消除众生的烦恼苦焰。

希望人人将心比月,将月的清净光明映入心中,时时刻刻将慈悲清凉的气氛散布于大地众生,使人人共享"月爱"的光芒。

良药苦口

真理如苦口良药,

要能感觉到苦、能触到痛处,

这个人才有救。

一般人都以为聪明就是智慧,其实不然。聪明不一定具有智慧,但智慧一定包含聪明。

什么是智慧?智慧是一颗仁慈、善良的心,是能辨别是非善恶的慧根,能发挥对社会人生贡献的力量。所谓"计利当计天下利",能"乐人人之乐为乐,利人人之利为利",才是真正有智慧的人。

什么是聪明呢?是一种计量利弊得失的能力,以一己之利为利。利己之利、贪婪诡诈,就是聪明而无智慧之人的象征。

现代人大多偏重在聪明,对于良言正语偏不听从,视追求人生真理为畏途并敬而远之。

他们反而比较容易接受感应、神通、命相、消灾等玄谈异行,往往去求相命仙指点迷津。

上印下顺导师曾如此说:"这有如肚子痛的时候,吃鸦片可镇痛,但不会根治,鸦片愈吃会使病情更严重,造成慢性中毒,中毒会愈来愈深。"

大部分的人都喜欢听好听的话、聪明的话以及一味曲意奉承的话,被捧得高高的,就感到心花怒放。然而,人生中能真正根治病源的却是苦口良药。

真理如苦口良药,要能感觉到苦、能触到痛处,这个人才有救;如果没有感觉,就像鸦片中毒太深,良药对他也无可奈何。

所以,很多人听到真理时会觉得不好受,因为每句都像针锋一样刺中他的心。但是如果不逃避,诚恳接受忠言之劝,且承认已做错的事,就能增长智慧善根。

人生不能留白

人一旦"无所事事,虚度光阴",

精神就会萎靡不振,

失去生命的意义。

多数人常在睡梦中消磨掉宝贵的时间。

睡梦不专指"睡觉",还包括"无所事事,虚度光阴"。人一旦"无所事事,虚度光阴",精神就会萎靡不振,失去生命的意义。有句谚语说:"少年易老,学难成。"时光总是稍纵即逝,若不把握现在还年轻时努力学习,等到年迈时想再学习,往往就时不我与了。

一切事业都得经由时间的累积,才能渐次达到目标;除了把握时间,还要下功夫、聚精会神地学习。在这个世间,我们都是初学者,当要提起勇猛精进之心,以刻苦的精神、耐劳的毅力来学习。

有一副对联——"静里常思前日过，老来补读少年书。"在一日之中，我们要常静下心来省思过往的不是；纵使到了老年，也要再温习年少时所读的书籍。年轻时就应及早向学，即使年岁已经老大，也不可轻易服老，仍旧要努力学习，切莫浪费生命。

在长时期的忙碌中，难免会有疲累之时，但是我们要懂得利用时间，切莫懈怠放逸，更不要在睡眠中虚度光阴。

让每个时刻都保持清醒，让生命过得更充实、更有意义。

图书在版编目(CIP)数据

欢喜自在/释证严著. —上海:复旦大学出版社, 2013.1(2021.8 重印)
(证严上人著作·静思法脉丛书)
ISBN 978-7-309-08823-6

Ⅰ. 欢… Ⅱ. 释… Ⅲ. 佛教-人生哲学-通俗读物 Ⅳ. B948-49

中国版本图书馆 CIP 数据核字(2012)第 065895 号

慈济全球信息网：http://www.tzuchi.org.tw/
静思书轩网址：http://www.jingsi.com.tw/
苏州静思书轩：http://www.jingsi.js.cn/

原版权所有者：静思人文志业股份有限公司授权复旦大学出版社
独家出版发行简体字版

欢喜自在
释证严 著
责任编辑/邵　丹

复旦大学出版社有限公司出版发行
上海市国权路 579 号　邮编：200433
网址：fupnet@fudanpress.com　http://www.fudanpress.com
门市零售：86-21-65102580　团体订购：86-21-65104505
出版部电话：86-21-65642845
上海崇明裕安印刷厂

开本 890×1240　1/32　印张 4　字数 53 千
2021 年 8 月第 1 版第 5 次印刷
印数 13 401—15 500

ISBN 978-7-309-08823-6/B·424
定价：20.00 元

如有印装质量问题，请向复旦大学出版社出版部调换。
版权所有　　侵权必究